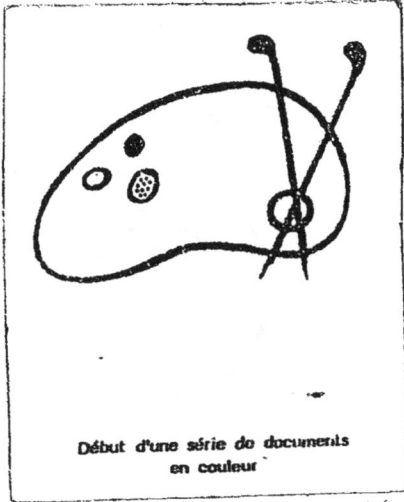

Début d'une série de documents
en couleur

LA SEIGNEURIE

DE

FRANCIÈRES

PAR

M. L'ABBÉ MOREL,

CURÉ DE CHEVRIÈRES (Oise)

VICE-PRÉSIDENT DE LA *Société historique* DE COMPIÈGNE.

AMIENS

TYPOGRAPHIE DE DELATTRE-LENOEL

32, RUE DE LA RÉPUBLIQUE, 32.

——

1883

(1)

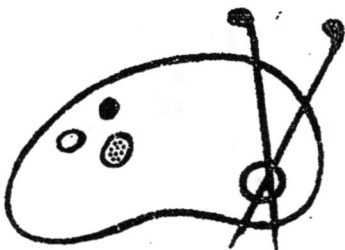

Fin d'une série de documents
en couleur

Couverture inférieure manquante

LA
SEIGNEURIE
DE FRANCIÈRES

PAR

M. L'ABBÉ MOREL,

Curé de Chevrières (Oise)

Vice-Président de la *Société historique* de Compiègne.

AMIENS

TYPOGRAPHIE DELATTRE-LENOEL

32, RUE DE LA RÉPUBLIQUE, 32.

1883

Extrait de la PICARDIE.

Cet essai de monographie a été lu à la Société historique de
Compiègne, en la séance de Décembre 1882, et offert aussitôt
à la *Picardie,* du consentement de l'auteur, par M. le Comte
DE MARSY.

LA SEIGNEURIE DE FRANCIÈRES

Le nom de Francières semble indiquer un alleu, une terre noble, exempte de toute charge, soit réelle, soit personnelle. Ce village, situé dans le Beauvaisis (1), aura sans doute eu, à l'origine, des .ranchises, des immunités, des privilèges, qui lui auront valu la dénomination sous laquelle on le connaît depuis des siècles. Une étymologie, tirée de sa position aux confins de l'Ile-de-France, nous souriait tout d'abord. Mais il serait plus que téméraire de hasarder une telle explication en face des autres villages, qui, portant le même nom, ou des noms semblables, sont placés en des régions toutes différentes (2).

Francières reste sans histoire jusqu'en l'an 1150, époque où ses puissants seigneurs se firent remarquer parmi les fondateurs ou les bienfaiteurs des abbayes de notre contrée. Pendant cinq cents ans, la terre de Francières demeura la propriété de la même famille, dont le nom se confond avec celui de son domaine. Une alliance la fit

---

(1) Canton d'Estrées-St-Denys (*Oise*).

(2) Outre Francières de l'Oise et Francières près Ailly-le-Haut-Clocher (*Somme*), le dictionnaire des postes indique Franchères (*Dordogne*); Franchesse (*Allier*); la Francillère (*Mayenne*); la Francillière (*Charente*); Francilly (*Aisne*); trois Francillon et dix Francheville.

passer des Francières aux Belloy, à la fin du xvi° siècle. Les Verzure l'achetèrent au milieu du xviii°. Un contrat de mariage la mit, peu de temps après, aux mains des Destutt de Tracy. Nous allons passer en revue les principaux documents relatifs à ces diverses maisons.

§ I. — MAISON DE FRANCIÈRES.
1150-1584.

D'argent à la bande de sable.

I. — SIMON DE FRANCIÈRES.

Nous plaçons Simon en tête des sires de Francières, à raison de la suzeraineté qu'il exerça sur Oencourt, territoire contigu à la Motte d'Ancourt (1), et sur le Trembloy, dépendance de Moyvillers (2). Ces deux terres n'ont jamais cessé de relever de la seigneurie de Francières depuis le xii° siècle jusqu'à la Révolution. C'est aux sires de Francières que leurs possesseurs ont toujours rendu foi et hommage et fourni les aveux et dénombrements.

En 1150, Simon de Francières, *Simon de Franxeriis,* qu'on appelait aussi bien Simon de Oencourt, comptait parmi ses vassaux les religieux cisterciens de Chaalis (commune de Fontaine-les-Cornu). Ils tenaient alors de lui en fief à Oencourt, diverses propriétés que leur avait cédées Thomas d'Estrées, dit Escornart (3). Ce dernier,

(1) Commune de Choisy-la-Victoire (*Oise*).
(2) Canton d'Estrées-St-Denys (*Oise*).
(3) Bibl. Senlis. Arrouvy. — *Tabular. Silvan.* t. xiv, p. 47.

de concert avec Alvide sa femme, Evurnin son fils, et Hedelburge et Rose, ses filles, abandonna encore, en 1160, aux mêmes religieux, les terres, les dîmes, les champarts, la justice, en un mot tout ce qu'il possédait au Trembloy, près de Moyvillers, moyennant onze muids de froment de redevance annuelle. Le contrat, rédigé par les soins d'Henri de France, évêque de Beauvais, reçut l'approbation de Simon de Francières et de Pierre de Sorel, seigneurs dominants. Il fut passé en présence de Raynaud de Francières, Raoul de Coudun, Joffroy, frère de Pierre de Sorel, Eudes de Fresnoy, dit Strabon, Evrard de Séchelles, Baudoin, chevalier de Pont, et plusieurs autres personnes de qualité (1).

Raynaud de Francières, *Rainaldus de Franseriis*, était probablement le frère, ou du moins très proche parent de Simon. Déjà, vers l'an 1147, sous l'épiscopat d'Eudes III, évêque de Beauvais, il assistait comme témoin avec Raoul de Coudun, Raynaud d'Antheuil, Rogon de Roye, au traité fait entre Hersende, dame de Cressonessart et Robert, abbé d'Ourscamp, relativement au bois de Saint-Wandrille ou de Warnavillers, qui appartenait alors aux religieux d'Ourscamp (2). En 1164, Simon de Francières, ou de Oencourt, se dessaisit, au profit de l'abbaye de Chaalis, de deux *Coutures*, ou cultures, situées à Oencourt, à la condition qu'il receyrait du monastère dix muids de froment de rente, le reste de sa vie, et qu'après sa mort on en servirait quatre muids à ses héritiers (3).

---

(1) Afforty. — *Tabular. Silvan.* t. xiv, p. 258.
(2) Peigné-Delacourt. — *Cartul. d'Ourscamp*, p. 180.
(3) Bibl. Senlis. Afforty. — *Tabular. Silvan.* t. xiv, p. 322.

II. — RAOUL DE FRANCIÈRES.

Nous voyons apparaître, en 1167, deux autres membres
de la même famille, probablement deux frères, Raoul et
Yves de Francières. Leurs libéralités en faveur de l'abbaye
d'Ourscamp furent, en cette année, consignées en une
charte par Barthélemi de Montcornet, évêque de Beauvais,
en présence d'Odon de Remin, Raoul de Coudun et Raoul
de Herli (1).

Raoul de Francières devint le chef de sa maison, si
nous en croyons Antoine de Torcy, religieux d'Ourscamp.
« Raoul, dit-il, qualifié *Miles*, chevalier, seigneur de
Francières, et Gille sa femme, nous donnèrent les biens
de Francières, l'an 1220, et de plus cette vertueuse dame
fit bâtir le grand réfectoire, où mangent les religieux, et
y posa la première pierre de fondation. Elle donna
encore une riche croix, que l'obitier et le cartulaire
appellent très noble, *multum nobilem*, laquelle apparem-
ment fut enlevée avec tous les vases sacrés, argenterie et
ornements de l'église par les Anglais et Navarrois (2). »
Notre historien ne décrit pas, il est vrai, les armes de
Raoul de Francières ; mais, en nous apprenant que Jean,
fils de Raoul, portait l'écu de sa maison sans brisure, il
nous permet de conclure que Raoul devait être lui aussi,
en 1220, à la tête de sa famille.

Vers le même temps vivait Rogon ou Roger de Francières, *Rogerius de Franxeriis*. Il est cité, avec Drogon de

(1) Bibl. Nat. GAIGNIÈRES. — *Cart. d'Ourscamp.* Mss. lat. 5473, f° 257.
(2) PEIGNÉ-DELACOURT. — *Hist. de l'abbaye d'Ourscamp*, p. 55.

Pierrefonds, comme bienfaiteur de l'abbaye de Valsery, à la fin du XII° siècle (1). Le 28 avril 1201, Louis I", comte de Blois et de Clermont, à sa demande, se porta caution pour lui, dans le différend qu'il eut avec le monastère de Chaalis (2). Baudoin, abbé d'Ourscamp et Salicius, abbé de Froidmond, choisis pour arbitres du litige, adjugèrent aux religieux la terre, où Rogon de Francières se proposait de bâtir ; la couture des *Cuillers, de Cochlearibus*, qui devait un cens annuel de 14 muids de grains; la terre de *Faussebrin* ou *Faussetrin*, contenant deux mines ; les terres en roture, dite *des paysans* ; et la couture de *Valraine* chargée de champart. Ils laissèrent néanmoins à Rogon quatre mines de terre, desquelles il devait rendre un muid de blé à *Monseigneur Simon*, sans doute Simon de Francières, la terre de Malcope contenant deux mines et celle de Buyçon ou Bruisson n'ayant qu'une mine. Cet arrangement eut lieu le lendemain de la fête de saint Benoit, 22 mars 1203 (3).

Rogon de Francières se trouve avec Guillaume et Thibaut de Cressonessart, Jean de Remin, Eudes d'Estrées et Manessier de Gournay, sur la liste des feudataires du comté de Clermont, sous Philippe-Auguste, en 1218 (4). En mars 1222, il se constitua, ainsi que Jean d'Estrées, le fidéjusseur ou garant de Pierre de Remin, envers l'abbé de Saint-Denis (5). Son père, Jean de Francières ou de

(1) *Gall. Christ.* t. IX, col. 486 B.
(2) AFFORTY. — *Tabul. Silvan.* t. XV, p. 29.
(3) *Ibid.* *Ibid.* p. 47.
(4) Bibl. Nat. D. GRENIER, t. LIV. — *Fonds Bouhier*, n° 26, cart. II, 49.
(5) Arch. Nat. — *Cart. blanc de St-Denis*, fol. 787.

Montmartin, chevalier, en l'année 1202, ou au commencement de 1203, — car le mois n'est pas désigné dans l'acte, — avait donné à l'abbaye d'Ourscamp vingt sexterées de terre en sa forêt de *Fremeaus* ou *Fresniaus*, du consentement de sa femme, de ses enfants Arnoul, Eudes, Mainsende, Agnès, Luce, Marguerite et Béatrice, de sa mère et de ses deux sœurs, Odeline de Remin et Béatrice d'Estrées (1). Cette libéralité ne plut pas à Rogon. Il soutint un procès avec les religieux plutôt que de les mettre en possession du bois concédé. Soit cependant que ses torts lui aient paru manifestes, soit qu'il ait cédé aux rigueurs de la justice, toujours est-il qu'en 1223, il se décida à remplir son devoir de seigneur de fief, en accordant à l'abbaye des lettres d'investiture (2). Son sceau qu'il y fit appendre, diffère de celui qu'adoptèrent les sires de Francières. Laissant l'aîné de sa maison décorer son écu d'une bande, il mit sur le sien quatre burèles, ou fasces étroites. Gaignières, en son petit Cartulaire d'Ourscamp, nous a dessiné ces armoiries, nous donnant ainsi la preuve qu'à cette époque il n'y avait pas encore dans les familles de blason définitif, mais que chacun composait le sien à sa fantaisie, quand il ne prenait pas celui d'une terre nouvellement achetée.

Quels liens de parenté unissaient Raoul de Francières et Jean de Montmartin, père de Rogon de Francières? Les documents nous manquent pour le dire. Nous avons mis ces personnages l'un à côté de l'autre, autant comme membres d'une même famille, que comme contemporains.

---

(1) Bibl. Nat. Gaignières. — *Cartul. d'Ourscamp.* Ms. 1. 5473, f° 132.
(2)   *Ibid.*   *Ibid.*   f° 83.

III. — JEAN Ier DE FRANCIÈRES.

Jean Ier de Francières, figure avec Mathieu de Fayel et
Pierre de Remin, fils de Gervais de Remin, chevalier, au
nombre des témoins d'un contrat passé en 1219 au profit
de l'abbaye d'Ourscamp. Béatrice de Francières, sœur de
Jean et femme de Pierre de Fayel, vendit alors à ce couvent, de concert avec son mari et Elisabeth, sa fille, six
mines de terre arable, sises à Montmartin, au lieudit le
Moutier St-Mard, moyennant cinquante livres parisis.
L'investiture en fut donnée aux religieux par Eudes
d'Aridel, de qui relevait ce domaine (1). Le nom de Jean
de Francières, chevalier, reparaît dans une charte du
mois de mars 1223, avec celui d'Hélisende, sa femme (2).
Au mois de mai 1225, il ratifia la donation que Vautier
Mostelet avait faite de ses dîmes d'Esparmont, à l'heure
de la mort, aux religieux d'Ourscamp (3). C'est à cette
approbation que fait allusion Antoine de Torcy, lorsqu'après avoir raconté, en sa description des tombeaux
d'Ourscamp, les bienfaits de Raoul de Francières et de
Gilles, sa femme, envers l'abbaye, il ajoute : « Leur fils,
Jean de Francières, aussi chevalier, ayant hérité également leur amitié pour ce monastère, avec leurs grands
biens, par une généreuse émulation, laissa quelques
dîmes en mai 1225, dans le territoire d'Epermont, selon

(1) PEIGNÉ-DELACOURT. — *Cartul. d'Ourscamp*, p. 480.
(2) Bibl. Nat. D. GILLESON. — *Antiq. de Compiègne*. Ms. fr. 24065,
liv. IV, ch. 4.
(3) PEIGNÉ-DELACOURT. — *Cartul. d'Ourscamp*, p. 434.

2

un titre auquel est attaché son sceau chargé d'une bande (1) ».

En juillet 1234, Jean de Francières se porta caution pour Isabelle de Remin, fille de défunt Jacques de Remin, chevalier. Isabelle reconnaissait devoir à l'abbaye de St-Corneille de Compiègne, une rente d'un muid de froment, conformément à un legs fait aux religieux par Arnoul, oncle de sa mère (2).

L'année suivante 1235, au mois de mai, Hélisende, femme de Jean de Francières, ainsi que Marie, femme d'Ansout de Fayel, et Aelis, femme de Gérard de Sains, toutes trois filles de Garnier Troussel, chevalier, seigneur de Jonquières, donnèrent leur consentement aux aumônes que faisait leur père à la chapellenie de Jonquières, sise en l'église du même lieu (3).

IV. — ROGON DE FRANCIÈRES.

Rogon de Francières, chevalier, est mentionné avec Marguerite, sa fille, dans un titre de 1249 (4). En 1262, il promit aux religieux de Chaalis de les indemniser des frais qu'ils pourraient faire, pour lui servir à domicile 20 mines de blé de rente, qu'ils lui devaient. Au bas de cette promesse, sur une double queue de parchemin, pendait son sceau de forme ronde en cire verte. On y remarquait un écu antique, chargé d'une bande, avec cette

(1) PRIGNÉ-DELACOURT. — Hist. d'Ourscamp, p. 55.
(2) Arch. Nat. — Cartul. blanc de St-Corneille. LL, 1622, fol. 112 v°.
(3) Bibl. Nat. D. BERTHEAU.—Hist. de Compiègne. Ms. l. 13891, f° 159 v°.
(4) Bibl. Nat. D. GILLESON. Antiq. de Compiègne, liv. IV, ch. 4.

inscription circulaire : † S. Rogonis militis de Francier. Le contre-scel portait les mêmes armes, mais sans légende (1).

En 1263, au mois d'avril, Gilles, abbé d'Ourscamp, vendait au portier de son monastère, pour les aumônes de la porte, diverses propriétés, entre autres une vigne ayant appartenu à Simon le Cornu, puis à Florent li Cochons, qui la légua à l'abbaye. Cette vigne, sise à Elincourt, au lieudit le Croc, était tenue en fief de Rogon de Francières, chevalier (2). Ce seigneur est appelé Rogue dans une charte du mois de mai 1263 et Rogier dans un acte du mois de février 1264 (1265 N. S.). Une dernière mention est faite de lui en juillet 1267. Il ne vivait plus en 1271, car Marguerite sa fille, est désignée à cette époque comme « fille jadis Monseigneur Rogon de Francières (3). » Rogon laissait quatre fils, Jean, Geoffroy, Vuistasse ou Eustache et Jehennet, et deux filles, Marguerite, dont nous avons parlé, et Emmelette (4).

V. — Jean II de Francières.
Eustache, son frère et héritier.

Jean II de Francières, chevalier, ratifiait au mois de février 1281 (1282 N. S.), l'échange que firent Dreux de Balagny et Jeanne sa femme, de 8 muids, 10 mines, 41 perches de terre en 12 pièces, sises au territoire de

---

(1) Bibl. Nat. Desmarest. — *Sceaux*. Ms. 1. 9977, p. 92.
(2) Peigné-Delacourt. -- *Cartul. d'Ourscamp*, p. 17.
(3) Bibl. Nat. D. Gilleson. *Antiquités, Loc. cit.*
(4)   *Ibid.*   *Ibid.*

la Motte d'Ancourt, avec tous les droits de justice et de
seigneurie, contre pareille quantité de terre, sise à
Froyères, faisant partie du domaine de Chaalis (1).

Vuitasse ou Eustache de Francières, chevalier, renonça
au mois d'août 1307 au retrait féodal, qu'il voulait faire
des biens cédés par Geoffroy Fromont et Marguerite de
Ressons-le-Long, sa femme, à l'abbaye de Chaalis. Il
s'agissait de 4 muids, 8 mines de blé de rente, payables
sur la grange du Trembloy, et des champarts à percevoir
en 17 muids de terre, sis entre cette même grange dont
ils dépendaient, « la ville de Blaincourt, la ville d'Estrées
et la Motte ». Le sire de Francières arguait des fois et
hommages rendus jadis à Rogue, son père, par Geoffroy,
qu'il était en droit de reprendre ce domaine, en en rem-
boursant le prix, suivant la coutume. Les religieux lui
montrèrent l'approbation qu'avait donnée Rogue de
Francières à l'acte de cession, les lettres d'amortissement
qu'il y avait jointes, et le consentement obtenu à ce sujet
du roi de France, comte de Clermont. Eustache comprit
que ses prétentions n'étaient pas fondées. La promesse,
qu'il avait faite jadis de garantir au couvent la paisible
possession de ces biens, lui revint en mémoire. Il la
confirma par une charte qu'il scella de son sceau.
Son écu, chargé d'une bande seulement, est celui qu'a
gardé, à travers les âges, le chef de la maison de
Francières. Autour du sceau est inscrite cette légende :
† S. VVICTASSE DE FRANSIÈRES (2). La femme d'Eustache

---

(1) AFFORTY. — *Tabular. Silvan.* t. XVI, p. 353.
(2) AFFORTY.   *Ibid.*   t. XVII, p. 231. — Bibl. Nat. DESMA-
RESTS. — *Sceaux.* Ms. l. 9977, p. 175.

de Francières s'appelait Marie de Maucicourt. « On reconnaît encore, dit Antoine de Torcy, à la muraille de la chapelle de Francières, en l'église d'Ourscamp, une ancienne peinture, qui fait voir cette dame priant et offrant à la sainte Vierge une petite église, voulant peut-être signifier par cette posture la fondation de la chapelle.» Marie de Maucicourt mourut le 21 juillet 1318 et fut inhumée dans la chapelle qui vient d'être indiquée. Son portrait y était gravé sur une dalle de marbre noir, recouvrant sa tombe, avec cette inscription : *Ci gist me dame Marie de Maucicourt, jadis fame Monsegneur Vuistace de Francières, laquelle trespassa l'an mil CCC et XVIII, le vegille de la Maddalainne. Priés pour s'âme* (1).

VI. — JEAN III DE FRANCIÈRES.

Jean III, seigneur de Francières, chevalier, fils de feu Eustache ou Witace de Francières, épousa, en l'an 1327, Isabelle ou Isabeau, fille de Guillaume, sire de Cardonnoy en Beauvoisis, chevalier, en présence de Renaut, sire de Crévecœur, Jean de la Tournelle, prévôt de St-Just, Mathieu d'Epineuse, Aubert, seigneur du Plessis-St-Just, chevalier, Adam de Poix, Jean de Picquigny et Raoul de la Tournelle, écuyer (2).

En 1329 ou 1330, mourait Pierre le Flament, dit aux Plats-Pieds, drapier, bourgeois de Compiègne. Par son testament, il fonda une chapellenie à l'église de Saint-

(1) PEIGNÉ-DELACOURT. — *Hist. d'Ourscamp*, p. 54.
(2) Bibl. Nat. D. VILLEVIELLE. — Trésor généalog. t. 129. Cabinet des Titres.

Antoine de Compiègne, dans la chapelle de Notre-Dame, et chargea Jacques de Francières d'exécuter ses dernières volontés. La vente à Pierre de Saint-Queux, curé de Meux, de 60 mines 7 perches de terre, sises à Francières, moyennant 400 livres tournois, procura les fonds nécessaires à la dotation de cette chapellenie. Quand Louis Iᵉʳ, duc de Bourbon, comte de Clermont et de la Marche, chambrier de France, eut, par lettres données à Poissy, le 22 avril 1332, consenti à cette aliénation et à l'amortissement de la terre, Jean, sire de Francières et Isabeau du Cardonnoy, sa femme, en la seigneurie desquels se trouvaient les biens vendus, ratifièrent à leur tour les pieuses libéralités de Pierre le Flament. Ces renseignements ont été consignés par Dom Gilleson dans ses *Mémoires*. En ses *Antiquités de Compiègne*, le même historien dit que Jean, seigneur de Francières et d'Ollencourt, ou Olincourt (hameau de Tracy-le-Mont), de concert avec Isabeau, son épouse, au mois d'avril de cette même année 1332, vendit des terres, pour fournir vingt livres parisis de rente, dont il voulait doter la chapelle de Notre-Dame, dont nous venons de parler. Il est à croire que cette fondation n'est autre que celle de Pierre le Flament (1).

Isabeau était veuve, sans doute, en 1352, car le *livre terrier du comté de Clermont* (2), rédigé vers cette époque, s'exprime ainsi à son sujet : « Madame de Francières

---

(1) Bibl. Nat. D. Gilleson. — *Mémoires.* Ms. fr. 19.842, fº 63 et *Antiquités.* Ms. 24.065, l. iv, ch. 4.
(2) Bibl. Nat. Ms. fr. 4.063, fº 16.

tient de monsieur le comté de Clermont en bailg (ou garde) pour ses enfants XXXIII muis de terre wengnaule (c'est-à-dire propre aux semailles d'automne appelées wain, gain) ou environ, séans ou terrouér de Francières ». Elle devait hommage, en outre, au même suzerain, pour 10 muids de bois, 6 arpents de vigne, 4 arpents de pré, 22 muids de blé et 26 muids d'avoine de rente, 21 livres de cens, les champarts, le four et le tonlieu de Francières estimés 50 livres, un moulin à vent et un moulin à eau, dont tous les hôtes de Francières étaient banniers, autrement dit, tributaires pour la mouture de leur grain, 22 mines de blé de rente à percevoir au Trembloy, 280 volailles, tant chapons que poules, enfin les dîmes de 10 livrées de terre en la paroisse de Lieuvillers. Toutes ces redevances réunies lui valaient 500 livres. Les devoirs qu'elle remplissait envers le comte de Clermont, pour sa terre de Francières, lui étaient rendus par une foule de petits vassaux, dont 29 vassaux immédiats, sans compter les arrière-vassaux. Les vassaux immédiats étaient : Jacques de Francières, pour ses hostises ou métairies de Remy ; Ernoul d'Estrées, pour 41 mines de terre et 14 mines de bois à Fresnel ; Jean du Castegnier d'Estrées, pour la moitié du fief dit de Jean de Lardières, et Jéhannin de Belin, pour l'autre moitié ; Catherine de la Motte d'Ancourt, pour le fief, dont elle portait le nom ; Gilles de la Chelles, Agnès, femme de Jean de Vaux, Jean de Gourtemenche, Dame Ragons, Manessiers d'Estrées, Bouchart de Laval, pour leurs fiefs de Remy, qu'on appelait alors *Reminum* ou Remin ; Jeanne de Remin, veuve de Pierre de Francières, pour son manoir de Remy ; Guillaume de Remin, pour son fief de Disencourt à Jaux ;

Philippe Mullet, Agnès de Blaincourt, Jean de Coudun, Colart de Villers, Henri de Remin, pour leurs fiefs à Blaincourt ; Jean de Foisselles, pour son manoir de Blaincourt ; les héritiers du sire de Basincourt, pour leur fief de Bazicourt ; Ansout de Fresnel, pour son fief et son manoir de Fresnel et sa maison de Francières ; Martin de Montmartin, pour son fief de Montmartin ; Béatrice, veuve de Jean de Fresnel, Philippe de St-Cuens, Robert de St-Cuens, fils et héritier de Guillaume de St-Cuens, pour leurs fiefs de Francières ; Jean le Boucher, pour sa maison de Francières ; Jean de Rouvillers, pour son fief de Rouvillers ; Pierre des Camps de St-Cuens, pour son fief d'Archonval (Arsonval, ferme d'Hémévillers); Huet de Mons, pour son fief à Roye. Parmi les arrière-vassaux, citons à Remy, Simon Ratel ou Roitel, tenant son fief de Jacques de Francières ; les enfants de Renier Chancart, Jean Rufin et Ansciaus d'Aridiaus, vassaux de Bouchart de Laval, et Renaud Béques, vassal de Jean de Courtemenche ; à Bazicourt, Philippes Mulet, qui tenait un fief des héritiers du sire de Blaincourt et avait sous lui encore Pierre Mullet ; et beaucoup d'autres.

La dame de Francières avait à Gournay un fief qui la rendait vassale de Renaut de Gournay, feudataire à son tour du comte de Clermont.

VII. — Jean IV de Francières.

Le dénombrement de 1352 nous donne déjà une idée du régime féodal. Un autre terrier du comté de Clermont, *le livre des hommages de 1373* (1), nous montrera des

_____

(1) Bibl. Nat. Ms. fr. 20.082, p. 364-373.

complications non moins curieuses. La seigneurie de
Francières, à cette date, était partagée entre le sire de
Francières, qui en avait les deux tiers, et sa sœur qui
jouissait du reste, sous la suzeraineté de son frère. Com-
ment s'appelaient-ils ? Le terrier ne le dit pas ; mais
nous savons par une lièvе ou papier censier du mois
d'avril 1360, que Jean de Francières eut quatre enfants,
Jean, Wistasse, Jeannette et Emmelette. Cette même
lièvе nous apprend encore que Geoffroy de Francières,
écuyer, tenait en fief de Jean, sire de Francières, 52 mines
de blé et 39 mines d'avoine à percevoir sur la dépouille
ou les champarts de Remy, à la charge de payer un
muid de blé et 3 muids d'avoine à la cense, c'est-à-dire,
à la recette de St-Corneille (1). Dom Gilleson, de qui nous
tenons ces documents, ajoute cette réflexion: « Il faut
que Geoffroy soit neveu ou frère de noble homme Jean
de Francières, chevalier ». Quoi qu'il en soit, nous
connaissons maintenant le nom du sire de Francières. Il
s'appelait Jean comme son père, décédé avant l'an 1352,
et sa mère ne pouvait être qu'Isabeau du Cardonnoy.
Quant à sa sœur, dont les vassaux sont inscrits parmi les
siens au *livre des hommages de 1373*, il y a tout lieu de
croire que c'était Jeannette de Francières. De Jean
dépendaient alors 26 fiefs et 13 arrière-fiefs. Jeannette
comptait 13 feudataires et 14 arrière-feudataires. Nous
allons voir reparaître plus d'un nom déjà cité en l'énumé-
ration précédente ; mais, en même temps, nous consta-
terons bien des mutations. Les 26 vassaux de Jean de

---

(1) Bibl. Nat. D. Gilleson. *Antiquités* [...]

3

Francières étaient : Duvelin de Lihuz, pour 22 mines de
terre, sises entre Sacy et la Borde, au lieudit le Grand-
Treu ; au Trembloy, Jean le Boucher le jeune, de Remy ;
à Remy, Pierre Guérout, Jeanne de Vaux, Adam d'Aridel,
héritier d'Ansiau d'Aridel, Jean Harel, successeur de Gilles
de la Chelles, Pierre Toussaint ; à Francières, Raoul de
Sorel, gendre de Pierre de Courdemanche et la demoiselle
de Francières ; à Blaincourt, Pierre le Preux, successeur de
Colart de Villers, Jean de Foisselles, Mahieu d'Aties,
Brunel de Caumondel, gendre de Robert Mulet, Michel le
Quesne de Méry, Gauvain de Liencourt, Hue de Mons, Jean
de Foisselles, Jean de la Serve, gendre et héritier de
Jean de Castegnier, Colart de Sachy, Guy de Néry, mari
d'Isabelle d'Estrées, et Jean Vuiderue, dit de l'Eglise,
mari d'Isabelle la Boursière, veuve de Jean Poullet ; à
Fresnel, Jean de Fresnel, dit Sausset ; à la Motte de
Blaincourt, Jean de la Motte ; au Petit Blaincourt, les héritiers de Simon Mulet ; à la Motte d'Ancourt, Bordelet de
Balagny, et enfin, le sire de Quinquempoix. Les 12 arrière-
vassaux étaient ainsi répartis : Pierre Guérout et Lancelot
de Rouvillers tenaient, à Remy, leurs fiefs de Jean Harel ;
Jean de Fresnel, dit Sausset, recevait l'hommage de
Henri de Fresnel, pour un fief à Francières, du seigneur
du Mesnil, de Jean Courtefoy, des hoirs de Jean Guérout,
de Laurence Machelue et de Marguerite de Laigny, pour
des fiefs à Fresnel ; Riflard d'Estrées et Jacques de Mar-
chières, inscrits aussi parmi les possesseurs de fiefs à
Fresnel, ne dépendaient pas immédiatement de Jean de
Fresnel, dit Sausset, mais d'une de ses feudataires, Marguerite de Laigny. A Blaincourt, Simon Mulet avait sous
lui Pépin d'Aridel et Robin de Sachy ou de Sacy, et Jean

de la Serve y avait pour vassal Regnaut de Castegnier.

Les treize feudataires de Jeannette de Francières étaient: Godefroy de Francières et Philippe Florent, à Francières: Jean Triquotel d'Aridel, Baudechon de Francières, fils de Lancelot, Pierre de Francières et les héritiers de Guillaume, le maire de Remy, à Remy; Jean de Soisy ou de Choisy, Bordelet de Balagny et Pierre Caoulle, à Lieuvillers; Robert de Renète et Agnès de Blaincourt, à Blaincourt; les hoirs de Martin de Montmartin à Jaux, et la dame d'Hargenlieu à la Motte d'Ancourt. Les 14 arrière-fiefs dépendaient de quatre seigneurs. Bordelet de Balagny avait pour vassal Jean Biart, à Lieuvillers; Philippes Florent recevait l'hommage de la dame d'Hargenlieu à la Motte d'Ancourt, et Robert de Renèto, celui de Jean de Glauges, à Blaincourt. De Baudechon de Francières relevaient: à Remy, Guyot de Francières, son frère, Robert des Pons, les hoirs de Simon Roitel et ceux de Pierre de Reteul; à Jaux et Varanval, le Borgne de Nouroy; et à Crapain, hameau de Breuil-le-Sec, Gilles de Crapain. Ce dernier exerçait, lui aussi, une petite suzeraineté sur Simon de Courcelles, Oudart d'Erquery, Jean le Clerc, la demoiselle de Nointel et le fils de Fouquet, qui, de la sorte, n'étaient qu'arrière-vassaux de Baudechon de Francières. Ainsi l'admettait le système féodal. Remy n'appartenait qu'en faible partie au sire de Francières et à sa sœur. Le principal seigneur de cette terre était Jean Ier, comte de Boulogne et d'Auvergne, qui, parmi ses vassaux, comptait Pierre et Godefroy de Francières. Quel rang occupaient ces deux derniers personnages dans la généalogie de leur maison? Il est difficile de le dire. Jean et Jeannette de Francières, seigneurs dominants, portaient

sans brisure l'écu de leur famille, d'argent à la bande de
sable. Pierre, le feudataire du comte de Boulogne et
d'Auvergne, faisait de même. Godefroy y ajoutait en chef
un lambel à trois pendants de gueule. Pierre, le vassal
de Jeannette, bordait le sien d'une orle de gueule. Baudechon, fils de Lancelot, mettait aussi une bordure de
gueule, mais cette orle était engrelée à l'intérieur. Guyot,
frère de Baudechon, usait de la même bordure engrelée,
mais en la chargeant de 21 annelets d'or. Toutes ces
modifications d'armoiries nous initient sans doute aux
habitudes féodales, mais elles ne suffisent pas pour établir
une filiation rigoureuse.

Jacques de Francières, écuyer, inscrit parmi les feudataires d'Isabeau du Cardonnoy à Remy, en 1352, fut,
vingt ans avant, chargé, à titre d'exécuteur testamen-
taire, d'accomplir les dernières volontés de Pierre aux
Plats-Pieds (1). C'est de lui, croyons-nous, que doit partir
la branche des Francières, seigneurs de Fresnel et de
Jaux. Lancelot de Francières, écuyer, nommé au terrier
de 1373, comme père de Baudechon, faisait en 1352 foi
et hommage à l'abbaye de St-Denys, pour ce qu'il tenait
d'elle en fief à Estrées et à Moyvillers. Il s'acquitta une
seconde fois de ce devoir envers le monastère en 1383 (2),
ce qui nous fait présumer qu'avec lui pourrait commencer
la branche des Francières, seigneurs d'Estrées et de
Chevrières. Nous sommes portés à croire que ce person-
nage avait un autre nom et qu'il s'appelait Pierre. Car

(1) Bibl. Nat. D. GILLESON. Ms. fr. 19.842, f° 63.
(2) Bibl. Nat. D. VILLEVIELLE. — Loc. cit.

plus d'une fois nous rencontrons, dans les actes du temps, cette désignation, Pierre de Francières, dit Lancelot, comme si Lancelot n'était qu'un surnom. Jeanne de Francières, femme de Thibaut de Crespy, et sœur de Lancelot réclamait en 1368, à ce dernier, une terre et un fief sis à Cuignières (1). Cette revendication fut insérée au contrat de mariage de Marie de Francières leur tante, ou leur cousine, qui épousa Colart le Mestre de la Ferre, au mois de janvier 1367 (1368 N. S.). A la date de 1356, Pierre de Francières, écuyer, sans doute dit Lancelot, qu'il ne faut pas confondre cependant avec les deux autres seigneurs du même nom, précédemment cités, avait pour épouse Isabeau de Camelin, fille de Jean de Camelin, sénéchal de Ponthieu pour Jacques, comte de ce lieu. Isabeau était veuve en 1406 (2). En 1364, vivait Rogon ou Rogier de Francières, chevalier. Il est parlé de lui en un titre de 1367 et dans un autre du mois de février 1371, où il paraît avec sa femme Marguerite. En ce dernier acte, figure également Simon de Francières et Marie ou plutôt Jeanne de Rocquemont, son épouse (3). Simon ne vivait plus en 1428. Le 10 septembre de cette année, Jean le Bastard de Chien, chevalier, bailli et capitaine de Senlis, et commissaire du roi, entérinait un accord passé entre les religieux de la Victoire, pour leur prieuré de Géresme, près de Crespy-en-Valois, d'une part, et Jean de Sémery, écuyer, Marie de Rocquemont, sa femme, et Jeanne de Rocquemont, veuve de Simon de Francières, écuyer,

---

(1) Bibl. Nat. D. GILLESON. — *Antiquités. Loc. cit.*
(2)   *Ibid.*   *Ibid.*
(3)   *Ibid.*   *Ibid.*

toutes deux filles de Regnaut de Rocquemont, écuyer,
d'autre part. L'arrangement portait sur des cens et rentes
à percevoir sur certains héritages assis à Méremont,
hameau de Crespy (1). Après cette digression nécessaire
sur les divers membres composant la famille de Francières, revenons au chef de la maison, Jean IV, sire
du lieu.

Par lettres du 15 février 1387 (1388 N. S.), ce chevalier
reconnaissait que Garnier Guérout, archidiacre de Paris,
frère de Guy Guérout, maître des requêtes de l'hôtel du
roi, lui avait payé les droits seigneuriaux et fait les foi et
hommage, qu'il lui devait, pour deux fiefs lui venant de
la succession de Perrinet Guérout, son neveu, fils de
Pierre Guérout. L'un de ces fiefs, jadis possédé par
Geoffroy de Francières, avait pour siège la grange dîme-
resse de Remy. L'autre était situé près du château de ce
même lieu (2). Jean de Francières mourut vers 1409. Il
eut de sa femme, Marguerite, dite de Francières, deux
fils, Jean V de Francières l'aîné, et Jean de Francières,
dit Franciscain.

VIII. — Jean V de Francières.

Le 25 octobre 1409, Franciscain affermait à Jean V,
son frère aîné, tous les droits qu'il avait et pouvait avoir
sur l'héritage de leur père, jusqu'à la Toussaint de l'an
1413, c'est-à-dire pour quatre ans. L'acte fut dressé par

---

(1) Afforty. — *Tabul. Silvan.* t. xx, p. 790.
(2) Bibl. Nat. D. Villevieille. — *Trésor généal.* t. 129.

Raoul de Florent et Yvon de Kerromp, clercs, gardes des
sceaux de la baillie de Senlis en la prévôté de Compiègne
et de Choisy. Les deux frères demeuraient alors à Francières (1). On peut présumer que Franciscain eut recours
à cet expédient pour se procurer de l'argent. Il se décidait
à suivre Jean de Bourbon, comte de Clermont, allié de
Charles, duc d'Orléans, contre le duc de Bourgogne,
maître alors de la personne du roi dont il avait usurpé
l'autorité. Les menaces des officiers de Jean de Bourbon
contribuèrent beaucoup à cette détermination. On fit
d'ailleurs entendre à Franciscain, qu'en s'enrôlant dans
l'armée du duc d'Orléans, il servirait la cause du roi.
Il marcha donc avec les gens du duc de Bourbon contre
Serrebourc, posté à Capy-sur-Somme. De là il se rendit
à Clermont, puis il alla rejoindre Philippe de Vertus à
Chauny-sur-Oise. De Chauny, il alla à Roye en Verman-
dois, où il resta quelque temps en garnison. Le duc
d'Orléans le fit ensuite venir à St-Ouen près Paris, où il
demeura 15 jours. Le prince l'emmena alors à St-Denis.
Quand l'armée quitta cette ville, Franciscain s'en sépara
pour venir à Crespy-en-Valois et enfin à Pierrefonds. Il
ne séjourna que quatre jours en ce dernier lieu. Mécon-
tent sans doute du rôle qu'on lui faisait jouer, il voulut
faire sa soumission entre les mains de Trouillard de
Maucreux, bailli de Senlis, mais ses avances n'aboutirent
qu'à une incarcération. Un ordre de Charles VI le fit
transférer à Paris en la prison du Châtelet près la Con-
ciergerie. Il avait vingt-quatre ans. Son passé heureu-

---

(1) Bibl. Nat. D. BERTHEAU. — *Hist. de Compiègne.* Ms. 1. 13891, f° 221.

sement plaida en sa faveur. On se souvint « de ses bons et agréables services » dans les armées royales sous le commandement du sire de Longueville. On tint compte de la fidélité et du dévouement de ses parents et amis. Des lettres de rémission lui furent, pour ces motifs, accordées au mois de janvier 1411 (1412 N. S.), mais elles ne devinrent exécutoires qu'au mois de février suivant. Il fallut attendre que le commissaire député pour instruire le procès et juger le crime eût pris son temps pour les transcrire et les notifier (1).

Au mois d'avril suivant, d'autres lettres de grâce étaient délivrées à Regnaut Buquet, prisonnier à Compiègne, qui avait accompagné, en qualité de varlet, Pierre de Francières, dit Lancelot, chevalier, à Roye, Ham, Coucy et Chauny. Le duc de Bourbon l'avait envoyé visiter le bac de Verberie, pour s'assurer que ses troupes y pourraient passer sans danger. A son retour Buquet se laissa prendre et emprisonner (2).

Lancelot de Francières, que nous venons de nommer, suivait le roi en 1388 dans son expédition contre le duc de Gueldres (3). Il épousa Simone Happart, fille de Raoul Happart, procureur du roi et clerc du bailli de Senlis à Compiègne (4). Cette ville lui plaisait. Il semble y avoir toujours fait sa résidence. La charge de lieutenant du

---

(1) Arch. Nat. — *Trésor des Chartes*. J. Reg. 166, fº I.
(2) Arch. Nat. — *Trésor des Chartes*. J. Reg. 166, fº 3, vº.
(3) *Mémoires de Pierre de Fenin*. Ed. Renouard, p. 210.
(4) Bibl. Nat. D. GILLESSON. — *Antiquités*. Ms. 24065 l. IV ch. IV. Raoul Happart, dit D. Gillesson, est représenté à genoux devant l'image de Notre-Dame, sur l'entrée de la maison de messire Anthoine Darras, à Compiègne, avec ses armes qui sont trois griffons. Sa tombe fut établie

capitaine lui fut même confiée au commencement du
xv° siècle. De tristes événements se préparaient. Le
18 juillet 1422, Guillaume de Gamache rendait Compiègne
au duc de Bedfort, frère d'Henri VI, roi d'Angleterre.
Tous les emplois furent aussitôt distribués à des partisans
avoués de l'envahisseur. Parmi les nouveaux titulaires,
se trouvait un sergent nommé Aubelet Baudon. Il déploya
sans doute beaucoup de zèle, car Lancelot de Francières
et Guillaume de Francières, écuyer, son parent, réso-
lurent de l'en punir. On en vint aux coups et aux bles-
sures. Il n'en fallait pas tant pour encourir la disgrâce
du monarque anglais. La peur s'empara de Lancelot. Il
fit des excuses. On s'empressa de lui remettre les peines
qu'il avait encourues. Les lettres données à ce sujet par
Henri VI, le 31 août 1423, à Paris (1), ne manquent pas
de rappeler l'humble supplication faite par Lancelot de
Francières. Elles lui donnent d'ailleurs les titres d'amé et
féal chevalier, naguère lieutenant du capitaine de la ville
de Compiègne. Le sujet de ses alarmes y est clairement
indiqué. Il se trouvait « chargié de femme et de huict
petitz enfants ». Le roi d'Angleterre voulut sans doute le
récompenser de cet acte de soumission, car il le nomma
capitaine de la ville. Lorsque Charles VII, aidé de Lahire,

---

dans le chevet de l'église de St-Antoine. On y lisait l'inscription suivante : *Cy gist Raoul, dit Happart, bourgeois de Compiègne, par long-
temps procureur du Roy à Compiègne qui trespassa l'an mil CCC et
neuf, le samedi vint deuxiesme jour de.* . . . .
Les comptes de la ville font mention des sommes payées à Raoul
Happart « pour sa peine de faire actes commissions et autres lettres
pour ladicte ville ».

(1) *Mémoires de Pierre de Fenin*, édit. Renouard, p. 312.

4

reprit Compiègne le 30 novembre 1423, Lancelot était encore investi de ce pouvoir. C'est ce que nous apprend Pierre de Fenin (1) en ces termes : « L'an mil quatre cens vingt trois à la saint Andrieu s'assemblèrent pluseurs des gens du roy Charles, qui se tenaient à la Fère et à Nelle, et avecquez aucuns de ceux de Guise et prindrent la ville de Compiègne par nuit, à ung point du jour. » Ils y firent prisonniers « messire Lancelot de Francières qui en estoit capitaine, le Besgue de Francières et mout d'autres riches hommes. » Par le Besgue de Francières doit-on entendre Guillaume de Francières ? Il serait téméraire de l'affirmer sans preuve.

Compiègne ne resta guère plus d'un an au pouvoir de Charles VII. Jean de Luxembourg s'en empara de nouveau le 7 janvier 1424 pour le duc de Bourgogne. Vers le milieu de cette année, le Besgue de Francières fut victime d'une aventure singulière, dont nous allons essayer de faire le récit. Il était allé coucher le lundi 29 mai aux étuves de Compiègne avec Guillaume de la Nizelle, enrôlé comme lui à titre d'écuyer dans la compagnie du seigneur de l'Isle-Adam. Simon le Barbier, homme d'armes du même corps, s'y trouva ainsi que Simon de Boulainvillers, chevalier, seigneur d'Iencourt, qui l'avait amené. Au lieu de songer à dormir, on se mit à causer. Simon de Boulainvillers pressa Simon le Barbier de lui raconter une histoire curieuse dont on s'amusait beaucoup dans la ville. Il s'agissait d'une dispute qui avait eu lieu dans un hôtel en sa présence, entre

(1) *Mémoires de Pierre de Fenin*, édit. Renouard, p. 210.

Jean de Rigauville d'un côté, et de l'autre une jeune femme nommée Mahaut et sa mère. Les injures de toutes sortes avaient été prodiguées à Mahaut par Rigauville. Les qualifications les plus blessantes, les expressions les plus grossières accablèrent tour à tour ces deux femmes. La politique même eut sa place en ces vilains propos. Mahaut fut traitée d' « Armignac. » De semblables excès demandaient une réparation. Les deux victimes portèrent plainte contre leur insulteur devant le prévot de Compiègne.

Simon le Barbier fit le récit demandé sans omettre la moindre particularité. Le seigneur d'Iencourt et Nigelle se pâmaient de rire. Le Bègue de Francières s'indigna de cette hilarité déplacée. Prenant la défense des deux femmes, il blâma Simon le Barbier du ton plaisant de sa narration. « Mahaut, ajouta-t-il, vient d'épouser un gentil et gaillard Armignac. Je le voudrais voir ici pour savoir si vous oseriez tenir devant lui de semblables propos sur le compte de sa dame. » Le Barbier répondit qu'aucun Armignac ne lui avait jamais fait peur. « Ce n'est pas vrai, riposta le Bègue, vous n'êtes qu'un ribaud, un varlet, un mareschal. » Ces paroles et d'autres plus mortifiantes encore, mirent Simon en colère. « Je vous voudrois tenir aux champs, reprit-il, je vous ruerois jus, ou vous moy. » Le Besgue furieux se jeta hors de son lit en s'écriant : « Tantost me trouveras et te courroucerai. »

Le seigneur d'Iencourt n'en voulut pas entendre davantage. Il s'éloigna, entraînant avec lui Simon le Barbier. Lancelot de Francières, parent de le Besgue, était alors à Compiègne. Raoulin de Helluz, écuyer, qui servait sous le seigneur de l'Isle-Adam et logeait à l'hôtel de

Bar, alla le trouver dès qu'il eût appris cette fâcheuse
querelle, Il lui exposa l'affaire et le pria de rétablir
l'accord.

Lancelot essaya vainement de calmer le Besgue. « Jà
paix ne ferai, lui fut-il répondu, et ne burai au dit
Simon ; jà tant ne me abesserai de mon honneur pour
un tel varlet et le courroucerai ». Une rencontre était
inévitable. Elle eut lieu quelques jours après, la veille de
l'Ascension. Le Besgue de Francières y fut tué par
Simon le Barbier. Les parents du meurtrier implorèrent
la clémence d'Henri VI. Le roi d'Angleterre accorda au
coupable des lettres de rémission qui furent délivrées à
Paris en novembre 1425 (1).

Lancelot de Francières rendait le 4 janvier 1412 et en
1428, foi et hommage à l'abbé de St-Corneille pour un
fief sis au Bois de Lihus (2). Marie, sa fille, épousa en
1433 Jean Cheviller, dit de Coulongne, demeurant à
Compiègne. Le contrat de mariage fut passé le 17 avril,
vendredi dans l'octave de Pâques, devant Pierre Lemaire
et Robert de Kerromp, gardes des sceaux de la baillie de
Senlis en la prévôté de Compiègne et de Choisy (3).
Lancelot de Francières, qualifié seigneur de Quesmy et
d'Ollencourt, et Simone sa femme, donnèrent à leur fille
leur domaine de Mélicoq, avec la seigneurie, la maison et

(1) *Mémoires de Pierre de Fenin*, édit. Renouard, p. 312 à 320.

(2) L. DE GAYA. — *Les huit barons ou fieffés de St-Corneille*, p. 162.
DOM GILLESSON. — *Mémoires.* Bibl. Nat. Ms. fr. 19842. — Lancelot de
Francières avait hérité de Mailliart d'Estrées, son aïeul les deux tiers
du Bois de Lihus. Le dernier tiers appartenait à Gilles de Vandel,
gendre de Mailliart.

(3) *Arch. du chât. de Fayel.* Contrat original.

les terres arables. Ils convinrent également de lui laisser
leur maison de Compiègne, sise en la rue des Domeliers,
dans le cas où maître Nicole Happart, chanoine, son
oncle, ne lui léguerait pas celle qu'il avait hérité de Raoul
Happart, son père. Les deux maisons se touchaient. Marie
devait avoir en outre « une houppelande de drap et
panne qui piéça fut laissée à ycelle damoiselle par damoiselle Marie, jadis femme de feu Simon le Féron. » Enfin,
il fut stipulé que Lancelot et sa femme demeureraient
ainsi quittes envers leur fille des cent écus qu'ils lui
devaient sur la succession de son aïeul maternel, Raoul
Happart. Marie de Francières eut de Jean de Coulongne une
fille, nommée Marguerite, qui contracta mariage avec Jean
de Francières, son parent, probablement seigneur d'Estrées. Marguerite de Coulongne et son mari étaient morts
en 1483. Ils ne laissèrent point de postérité.

Franciscain, Lancelot et le Besgue de Francières nous
ont éloigné du manoir habité par le chef de leur maison. Revenons-y. Nous n'y retrouverons plus Jean V, le
frère aîné de Franciscain. Il est depuis dix ans dans la
tombe.

Le 3 mars 1424, Jacques d'Harcourt rendait, après un
siège d'environ huit mois, la ville et forteresse de
Crotoy-sur-Somme à Raoul le Boutillier, chevalier anglais,
aux ordres du duc de Bedfort. En même temps, il
essayait de s'emparer de la personne de Jean l'Arche-
vêque, sire de Parthenay, son cousin et grand-oncle de
sa femme, afin d'avoir son castel et ses biens. Quelques
seigneurs ses amis l'aidèrent en cette entreprise qui
échoua. Le sire de Parthenay averti à temps, se tint sur
ses gardes et se défendit vaillamment. Jacques d'Harcourt

fut tué. « Or, dit la vraye histoire, que avec messire
Jacques de Harecourt moururent pluseurs gentilshommes,
c'est assavoir le sire de Herselaines, Phelipes de Noef-
ville, Jehan de Caumont, Jehan de Francières et pluseurs
autres (1) ».

IX. — JEAN VI DE FRANCIÈRES.

Jean V de Francières, chevalier, laissait un fils du
même nom que lui, qui paraît être resté toute sa vie
écuyer. Le 2 mars 1428, Guérard de Duez, dit de Ville,
chanoine de Noyon, lui fournissait le dénombrement de
son fief de la Motte d'Ancourt près Froyères (2). Guérard
succédait à noble homme Pierre Desprez, chanoine et
écolâtre de Noyon, qui tenait lui-même son fief de
Bordel ou Bordelet de Balagny, écuyer, dont le nom se
retrouve au papier terrier de 1373.

Marie de Francières, veuve de Jean V de Francières,
chevalier, et mère de l'écuyer Jean VI, vécut encore de
nombreuses années après la mort de son mari. Le
14 août 1451 (3), elle recevait la déclaration des 93 mines
et trois quartiers de terre, que possédait en fief à Blaincourt, Jeanne de Sens, veuve de Jean d'Ailly, conseiller
du roi. Son fils, Jean VI de Francières, devait être absent.
Le 25 novembre de l'année suivante 1452, il fit un
accord avec les religieux de Chaalis relativement à des

(1) *Mémoires de Pierre de Fenin*, p. 208.
(2) AFFORTY. — *Tabular. Silvan.* t. xx, p. 774.
(3) *Ibid.* *Ibid.* t. xxi, p. 477.

fiefs ayant pour siège la grange du Trembloy (1). En
1460, le 13 mai, le nouveau seigneur de la Motte d'Ancourt, Lancelot de Soisy, ou de Choisy, écuyer, lu-
rendit foi et hommage pour sa terre (2). Le 31 août 1465,
ce même devoir était encore rempli envers lui par les
religieuses du Moncel pour leur fief de Blaincourt (3). En
1469, Jean VI, sire de Francières, toujours écuyer, possédait, outre les deux tiers du domaine de Francières, le
fief de l'Attache ou de la Tasche à Remy (4).

Marguerite de Francières, sa femme, lui donna plusieurs enfants, dont quatre nous sont connus : Jean VII
qui lui succéda, Marguerite qui s'unit à Philippe de Fumechon, Catherine, femme de Bernard de Gouy, seigneur
de Cuignières et Jeanne (5).

Marguerite était l'aînée. Quand Jean VI, son père, vint
à mourir, on lui donna la garde-noble de son frère et de
ses deux sœurs, ce qui suppose qu'elle était majeure. Le
6 novembre 1480, elle paya au comte de Clermont, pour
elle et ses cohéritiers, les droits de relief que devait leur
domaine patrimonial. Philippe de Fumechon, écuyer,
l'épousa peu de temps après en 1482 ou 1483. Ce n'était
pas un étranger pour elle, car il avait lui-même un tiers
de la seigneurie de Francières. De qui lui venait ce
domaine ? Sans doute de Jeannette de Francières qui le
possédait en 1373. Jeannette s'est-elle mariée à Charles
de Fumechon ? Aucun texte ne vient appuyer cette sup-

(1) AFFORTY. — Tabular. Silvan. t. xxi, p. 503.
(2) Ibid.   Ibid.   t. xxi, p. 673.
(3) Ibid.   Ibid.   t. xxi, p. 756.
(4) D. GILLESSON. — Antiq. de Compiègne. Bibl. Nat. Ms. fr. 24085.
(5) Ibid.   Ibid.   Ibid.   Ibid.

position. Toujours est-il que Charles de Fumechon est le
premier de ce nom qui ait joui de ce fief. Après lui, la
propriété échut à Jean, puis à Guillaume et enfin à Philippe de Fumechon. Guillaume eut plusieurs enfants,
entre autres Philippe, Louis et Pérette. Dans le partage
de sa succession, Philippe eut les biens de Francières ;
c'est pourquoi nous le voyons, en 1463, satisfaire à ses
obligations de vassal, vis à vis du comte de Clermont.
Cet hommage fut renouvelé par lui en 1473, en 1475 et
en 1486 (1).

Il intentait en 1483 un procès aux habitants de Mélicocq, pour les obliger à reconnaître les droits de Marguerite
de Francières, sa femme, et des autres enfants de Jean VI,
sire de Francières, sur le fief de Mélicocq. Ce domaine,
apporté en mariage à Jean de Francières par Marguerite
de Coulongne, retournait à leurs cousins. Tous deux
étaient morts sans laisser d'enfants (2).

En 1485, Jean Nepveu, abbé de la Victoire de Senlis,
remit à Philippe de Fumechon le dénombrement des
fiefs possédés par son monastère au grand et au petit
Blaincourt (3). Les religieux avaient acheté, le 19 mars
1477, la terre du Grand Blaincourt, vingt muids de blé
de rente au Trembloy, six sols, huit deniers de cens sur
un petit fief devant la porte de la ferme, le manoir de
Blaincourt avec 12 muids de terre, 20 arpents de bois,
16 sols parisis et un chapon de rente, enfin toute la justice

(1) JEHAN D'AGILLIÈRES. — Comté de Clermont. Ms. fr. Bibl. de M. de
Deauville, p. 21.
(2) Bulletin des Comités historiques. Mars 1851, p. 69.
(3) AFFORTY. — Tabul. Silv. t. xxii, p. 703.

haute, moyenne et basse de ces territoires, moyennant
280 écus d'or du coin du roi. Ces biens, saisis sur Jean
de Harlus, tavernier à Castenoy, furent achetés par
l'abbaye du Moncel, qui les revendit aussitôt à celle de
la Victoire (1). Philippe de Fumechon, en recevant la
déclaration de ces fiefs, agissait comme tuteur des enfants
mineurs de Jean VI de Francières. Le 15 décembre 1486,
il fit foi et hommage au château de Clermont, pour le
neuvième de la terre de Francières que sa femme avait
eu en héritage (2), ainsi que pour le tiers de cette même
te re qui lui était échu à lui-même au décès de son père.
Il mourut vers 1489, laissant des enfants mineurs.
Marguerite de Francières, sa veuve, en prit en cette année
la garde-noble et s'acquitta pour eux à Clermont des
devoirs féodaux. Le 1er août 1491, cet acte de vasselage
fut renouvelé par Jean de Belque, que Marguerite épousa
en secondes noces, lui transmettant, par le fait, la tutelle
dont elle était chargée (3).

X. — JEAN VII DE FRANCIÈRES.

Jean VII de Francières, frère de Marguerite, avait
atteint sa majorité. En 1492, il fit foi et hommage pour

---

(1) Arch. de l'Oise. — *Abbaye de la Victoire.* Cartul. f° 56.

(2) Le domaine de Jean VI de Francières comprenait les 2/3 ou 6/9
de Francières. Il fut ainsi divisé entre ses enfants. Jean VII eut comme
privilège, valant droit d'aînesse, la moitié de la propriété ou 3/9. A
chacune de ses trois sœurs revint ensuite 1/9.

(3) JEHAN D'ARCILLIÈRES. — *Comté de Clermont.* Ms. fr. Bibl. de M. de
Beauvillé, p. 21.

les deux tiers qu'il possédait en la seigneurie de Francières (1). Il se fit représenter par un procureur à la
révision de la coutume de Clermont, le 19 août 1539 (2).
C'est tout ce que nous savons de lui.

Nous avons vu en 1433 Lancelot de Francières, seigneur
du Quesmy et d'Ollencourt et Simone Happart, sa femme,
donner en mariage leur fille, Marie, à Jean de Coulongne.
N'eurent-ils que cet enfant ? Tout nous porte à croire
qu'ils en avaient encore plusieurs autres, parmi lesquels
nous citerons Simon, Nicolas et Jeanne.

Simon de Francières épousa Marie de Rocquemont. Il
porta d'abord le titre d'écuyer, qu'il échangea plus tard
contre celui de chevalier. Son nom et celui de sa femme
sont cités à propos de Mélicocq, en 1447 (3). On le
désigne comme seigneur de Quesmy, d'Ollencourt et du
fief du Mont-Duette à Jonquières. A la date de 1449, appa-
raît un autre Simon de Francières, résidant à Remy avec
Marie de Dony, sa femme. Dom Gillesson qui nous donne
ce renseignement, n'aurait-il pas écrit Marie de Dony
pour Marie de Rocquemont ? Il faudrait des textes pour
éclaircir ce point obscur. Quoi qu'il en soit, Simon don-
nait en cette année 1449, moyennant une rente perpé-
tuelle, à Philippe Hédoul, bourgeois de Soissons, une
maison sise à Compiègne, possédée successivement par
Antoine Martin et Antoine Picart, avocat au parlement (4).

(1) JEHAN D'ARGILLIÈRES. — *Comté de Clermont*. Ms. fr. Bibl. de M. de
Beauvillé, p. 21.
(2) *Procès verbal de la coutume de Clermont*.
(3) D. GILLESSON. — *Antiq. de Compiègne*. Bibl. Nat. Ms. fr. 24.065.
(4)   *Ibid.*   *Ibid.*   *Ibid.*

Nicolas de Francières fut seigneur de Fresnel et de Jaux. Sa femme, Isabeau de Brumiers, dame de Wavignies, lui donna un fils, Louis de Francières, et deux filles, Marguerite et Guillemette ou Gillette de Francières. Ces enfants avaient perdu leur père en 1479, car Louis de Brumiers, écuyer, seigneur de Cuise, probablement leur grand-père, était alors leur tuteur (1).

Louis de Francières se maria en premières noces, le 20 mars 1493, à Agnès de Vaux, fille de Jean de Vaux, seigneur de Saintines, et de Jeanne le Boutellier, morte avant 1520, après avoir fondé 4 obits en l'église Saint-Antoine de Compiègne. Il prit pour femme en secondes noces Jeanne de Parent, qui vivait encore en 1541 (2).

Le roi François Ier le fit chevalier à son sacre à Reims, le 25 janvier 1515. En décembre 1529, Louis de Francières était élu ou répartiteur des tailles de Compiègne(3).

Marguerite de Francières épousa Jean de Cullan, écuyer, sieur de Sanin en Brie. Guillemette, sa sœur, s'unit à Antoine de St-Sauflieu, écuyer, seigneur d'Erquerie.

Le 10 janvier 1492, Louis, Marguerite et Guillemette se partagèrent l'héritage de leurs parents défunts (4). Louis, suivant la coutume, prit les deux tiers de la succession, savoir la maison paternelle sise à Compiègne, en la rue des Domeliers, tenant d'une part aux hoirs de

---

(1) D. Gillesson. — *Antiq. de Compiègne*. Bibl. Nat. Ms. fr. 24065.
(2)   *Ibid.*   *Ibid.*   *Ibid.*
(3)   *Ibid.*   *Ibid.*   *Ibid.*
(4) Afforty. — *Tabul. Silvan*, t. xxii, p. 373.

Jean de Francières, d'autre aux hoirs de Pierre du
Ruissel et d'un bout aux murs de la ville, la seigneurie
de Fresnel, les fiefs de la Couture et du Roy à Jaux, le
fief de Remy, celui du Mont-Duette à Jonquières et les
fiefs de Billy et Gilles Chandelier à Venette.

Marguerite et Guillemette de Francières eurent, pour
leur tiers indivis, la seigneurie de la Motte d'Ancourt, la
terre et seigneurie de Wavignies et le fief de la Court du
Bois à Cuignières. Il leur resta en outre diverses rentes
sur particuliers, dont elles firent deux lots, qu'elles tirè-
rent au sort le 17 novembre 1493 (1).

Jacques de Francières, chevalier, seigneur de Fresnel,
capitaine du château de Compiègne, doit être le fils de
Louis. Il eut pour femme Jeanne de Lorges, dame de
Camely et de Voces, qui donna le jour à deux enfants,
Laurent de Francières et une fille décédée en bas-âge
le 18 janvier 1554 (2).

Laurent épousa Antoinette de Danneville, dame de
Cloches ou Chauches, et fut père de 1° Mahaut de Francières, mariée à Pierre de Choiseul, baron de Beaupré,
2° Humberte de Francières, épouse de Charles, seigneur
de la Chaussée, chevalier de l'ordre du roi, et 3° Aimée
ou Admée de Francières, femme de Nicolas de St-
Bellin, chevalier, seigneur de Vaudremont et d'Herman-
court (3).

Jacques de Francières fut, par lettres de François I⁣ᵉʳ

---

(1) *Original aux arch. du chdt. de Fayel.*

(2) D. Gillesson. — *Antiq. de Compiègne. Loc. cit.*

(3) D. Gillesson. *Antiq. loc. cit.* — Arch. Nat. *Aveux de Clermont en
Beauvoisis.* p. 148, vol. ii, n° 13.

datées de la Fère, nommé capitaine de la tour et de la ville de Compiègne le 10 octobre 1554, après la disgrâce de Bertrand d'Arambure. Il garda cette charge jusqu'à sa mort arrivée à la grosse tour de la ville, en avril 1554. Ses armes étaient : *d'argent à la bande d'azur au lambel de gueule en chef brochant sur le tout* (1). Godefroy de Francières usait de la même brisure en 1373.

Jeanne de Lorges, veuve de Jacques de Francières, épousa en secondes noces Paul de Chepoix, et en troisièmes noces N. de la Vieuville.

Laurent, son fils, était décédé en 1558, car, le 20 juin de cette année, Antoinette de Danneville, sa veuve, faisait foi et hommage, au nom de ses enfants mineurs, à l'hôtel abbatial de St-Corneille, pour le fief de Jaux ou des Piliers (2).

. Jeanne de Francières, autre fille de Lancelot de Francières et de Simone Happart, épousa Robert de Ru ou du Ru. Elle était veuve, lorsqu'elle céda, par un motif de charité, à l'abbaye d'Ourscamp, le 25 février 1485, un fief consistant en 10 muids de blé à prendre annuellement sur la terre de Warnavillers (3), dépendante du monastère. La table des anniversaires, autrefois placée dans le chapitre des religieux, renfermait cette mention : « Pour la dame de Francières qui nous a donné dix muids de froment à percevoir en nostre grange de Warnavillers, deux messes solennelles par an. » Laurent de Francières,

(1) D. GRILLESSON. — *Antiquités. loc. cit.*
(2) L. DE GAYA. — *Les huit barons de St-Corneille*, p. 129.
(3) Commune de Rouvillers *(Oise)*.

neveu et héritier de cette dame, ratifia ses pieuses inten-
tions le 17 décembre 1485 (1).

XI. — Antoine de Francières.

Antoine de Francières, chevalier, que nous croyons
être le fils de Jean VII, lui succéda comme chef de famille
en la seigneurie de Francières.

Sa tombe est dans l'église du village, devant le maître-
autel. La dalle qui la recouvrait a été transportée sous le
porche. Nous y avons lu cette inscription : *Cy gist
noble homme Anthoine de Francières en son vivant
escuier, seigneur du dict lieu quy trespassa le VIIe jor
d'aoust, l'an mil V^e cinquante et ung. Priez Dieu pour
son ame.*

Antoine épousa Jeanne de Cazaulx ou Cassault. Elle
reçut, le 10 octobre 1557 (2), de Nicolas de Courtignon
abbé de la Victoire, le dénombrement des terres et
seigneuries du grand et du petit Blaincourt (3), des fiefs
de Quinquempoix au grand Blaincourt, et de la Motte
d'Ancourt, et d'autres encore, dont son abbaye avait la
propriété. Le 13 août 1577, Charles de Villers, seigneur
du Pré, fils et héritier d'Antoine de Villers, lui fournit
également l'aveu des fiefs du Pré, de la Motte et de la
Fontaine, sis en la paroisse de Rosoy (4).

---

(1) Peigné-Delacourt. — *Hist. d'Ourscamp.* p. 55.
(2) *Arch. de l'Oise.* Cartul. de l'abbaye de la Victoire, f° 63.
(3) Blincourt. Canton de Clermont *(Oise).*
(4) Bosquillon. — *Nobil. de Clermont.* Art. Villers de Guignières et
du Pré.

De son mariage avec Antoine de Francières, elle n'eut qu'une fille nommée Jeanne de Francières qui fut mariée à Claude de Belloy, seigneur de Castillon (1). Un compte de tutelle (2), rendu par le seigneur de Boubers-Vaugenlieu (1578-1580), nous donne l'inventaire de la garde-robe que Jeanne de Francières avait hérité de sa mère. Il s'y trouve « des brasseletz d'or (à xx liv. tourn. l'once) et jasseran (chaînette composée de petites agrafes ou mailles d'or) ; — une paire de brodure d'or, esmaillé d'incarnat blancq et noire, dont l'une plus grande et l'autre moindre, pesant ensemble deux onces deux gros ; — unze boutons d'or, dont six esmailléz et cinq de noir ; — cinq bagues prisées xxxiii livres ; ung collier d'or ; — une thoilette de satin de Burge orengé, doublé de taffetas viollet, bordée de frenge viollet, de lx sols ; — une autre de satin orenge, doublé de taffetas bleu, enrichy de frenge d'argent, de soie bleue, de C sols ; — une robbe de velour noir figuré, le fond de satin, à hault collet, de xl livres ; — une robbe de velour cramoisy brun à grand queue enrichie de deux passementz d'or allentour, de VIᵖ liv. ; — une robbe de taffetas noir décourté à Rachel de xii liv. ; — un devant de coste de satin blancq, doublé de boucassin, le dit satin chamarré d'or, de vi liv. xii sols ; — un devant de coste de velour cramoisy à fond de satin, de ix liv. ; — une couverture de vertugale de satin jaulne avecq les manches de mesme ; — une vertugale de satin noir bordée de

---

(1) *Généalogie de la maison de Belloy*. 1747. Thiboust, imprimeur.
(2) *Bulletin des Comités historiques*. Mars 1851, p. 69.

velour, de vii liv. x sols ; — ung petit manteau de
damas blancq enrichy de trenche d'or, les boutons de
cristal, doublé de boucassin ; — des brassières de satin
blancq ; — une paire de souliers en forme de mulles
découppez, de maroquin, de xxxv sols. ».

Avec Jeanne de Francières, s'éteignit le nom de Francières au siège de la seigneurie. Outre Francières, elle
possédait encore les fiefs de Rosoy (1), Hardencourt et
Saint-Queux (2). Sa tombe est dans l'église de Francières,
à côté de celle de son père. Nous avons lu son épitaphe
ainsi conçue : *Cy gist Jehanne de Francières, dame du
dit lieu, Rozoy et Hardencourt, femme de feu Claude de
Belloy, escuier, seigneur du dit lieu, laquelle décedda, le
XII d'octobre l'an mil cinq cent quatre vingt quatre.
Priez Dieu pour son ame.*

Tels sont les documents que nous avons pu réunir sur
la famille de Francières. Certains renseignements ont
dû être négligés. Ils n'étaient pas assez précis. D'autres
ont été complètément passés sous silence. Ils concernent
bien à la vérité des membres de la maison de Francières,
mais ils ont trait spécialement aux branches d'Estrées et
de Chevrières, dont nous nous occuperons ailleurs.

(1) Commune de Verderonne *(Oise)*.
(2) Cinqueux *(Oise)*.

§ 2. — MAISON DE BELLOY.
1584-1752.

D'argent à quatre bandes de gueules.

I. — CLAUDE DE BELLOY.

Claude de Belloy, mari de Jeanne de Francières, était fils de Guy II de Belloy, écuyer, seigneur d'Amy, de Belloy, de Mareuil-la-Guyon, Haulsu, Potières, Dreslincourt, Trois Estocqs, Rouviller, Fresnoy, Brauge, Batteaux, etc., et de Jeanne de Carmonne. Enrolé de bonne heure parmi les légionnaires de Picardie, il y commanda une compagnie de 300 fantassins avec le titre de capitaine.

Antoine de Torcy dit qu'il fut tué au siège de Senlis le 22 septembre 1572. Sa tombe est dans l'église de Francières. Une grande table de pierre y rappelle sa mémoire, celle d'Antoine son fils, de Nicolas son petit-fils et de leurs femmes. On y lit :

Cy gist messire Claude de Belloy en son vivant chevalier, seigneur de Francières, Hardencourt et Rosoy, fils de Guy de Belloy, lequel décéda le 22 septembre 1572.

Cy gist messire Anthoine de Belloy, en son vivant seigneur dudit lieu, fils dudit messire Claude de Belloy, lequel décéda le 28 janvier 1641.

Cy gist dame Marie de la Fontaine, femme dudit Anthoine de Belloy, laquelle décéda le 3e décembre 1644.

6

En l'année 1633 décéda en la ville de Paris messire Nicolas de Belloy, en son vivant chevalier seigneur de Francières et de Catillon et fut inhumé par . . . . . . curé de l'église et paroisse Saint-Sulpice.

Cy gist dame Anne Volant, femme dudit Nicolas de Belloy, qui décéda le 21 octobre 1670.

Claude de Belloy eut quatre enfants :

1. Charles, chevalier, seigneur de Francières, mort à Senlis sans avoir été marié ;

2. Charles, chevalier, seigneur de Francières après le décès de son frère aîné, marié à Suzanne le Borgne de Villette, fille de Jean le Borgne écuyer, seigneur de Villette ;

3. Antoine, héritier de la seigneurie ;

Et 4. Jeanne de Belloy, femme de Louis de Brouilly, seigneur de Chevrières et Hestomesnil.

II. — ANTOINE Iᵉʳ DE BELLOY.

Antoine Iᵉʳ de Belloy, chevalier, seigneur de Catillon, Francières, Hardencourt, Rosoy, Fumechon, Blincourt, la Motte d'Ancourt, etc., fut d'abord page du roi Henri III. L'ordre de Malte l'inscrivit au nombre de ses chevaliers en 1581. La mort de son second frère lui fit abandonner ce titre. Il se distingua sous la cornette blanche auprès du roi, à la bataille d'Ivry, l'an 1580. Son courage le fit également remarquer à la bataille de Senlis en 1589, et en 1597 au siège d'Amiens où il fut grièvement blessé. Son épitaphe, que nous avons lue en l'église de Francières, nous apprend qu'il mourut le 28 janvier 1641. Sa femme, Marie de la Fontaine, était fille d'Artus de la Fontaine, chevalier de l'ordre du roi, baron d'Ognon, seigneur de Fontaines et de Berthinval, l'un des quatre maîtres d'hôtel du roi en l'Ile-de-France, maître des cérémonies, conducteur des ambassadeurs, lieutenant de roi en l'Ile-de-France et capitaine de Crespy et de Pont-Sainte-Maxence. Elle est décédée le 3 décembre 1644. Sa tombe est en l'église de Francières.

Elle donna le jour à huit enfants :

1. Antoine de Belloy, religieux en l'abbaye de St-Denys.

2. Nicolas de Belloy, marié le 20 décembre 1627 à Anne Volant, mort à Paris en 1633, laissant un fils nommé Antoine, auquel échut le domaine patrimonial et une fille appelée Marie qui fut religieuse en l'abbaye de Royal-Lieu près Compiègne ;

3. Louis de Belloy, religieux infirmier en l'abbaye de St-Corneille de Compiègne ;

4. François de Belloy, chanoine de la cathédrale de Beauvais ;

5. Claude de Belloy, chevalier de Malte ;

6. Jacques de Belloy, chevalier, seigneur en partie de Castillon et de Francières ;

7. Anne de Belloy, mariée en premières noces en 1629 à Henri de Choiseul et en secondes noces à Réné d'Aufernet ;

8. Marie-Anne de Belloy, qui épousa le 10 décembre 1631 Philippe de Billy, seigneur d'Antilly-en-Valois.

III. — ANTOINE II DE BELLOY.

Antoine II de Belloy, fils de Nicolas et petit-fils d'Antoine Ier, fut appelé *le marquis de Francières*. Enseigne, puis sous-lieutenant aux gardes françaises en 1652, lieutenant au même régiment en 1653, capitaine en 1656, il servit sous le duc de Beaufort en Afrique en 1664, et y fut blessé d'un coup de mousquet dans une attaque des Maures. Le 10 décembre 1648, il rendit foi et hommage au comte de Clermont pour la terre de Francières, qu'il avait héritée de son aïeul. Anne Volant, sa mère avait, sept ans auparavant, le 20 décembre 1641, obtenu pour lui et sa sœur, mineurs tous les deux, des lettres de souffrance, c'est-à-dire un délai pour s'acquitter des devoirs féodaux (1).

Antoine II de Belloy eut d'Elisabeth le Fèvre de Caumartin cinq enfants :

1. Vincent-Charles-Antoine, prêtre, docteur en Sorbonne ;

2. Louis-Vincent, héritier du domaine de Francières ;

3. Louis-François, chevalier de Malte ;

4. Charles, également chevalier de Malte, mort commandeur de Cippes ou Suippes (*Marne*), le 17 mai 1747 ;

5. Anthoinette-Elisabeth-Françoise, chanoinesse de Poussay (*Vosges*).

---

(1) JEHAN D'ANGILLIÈRES. — *Comté de Clermont*, p. 21.

IV. — LOUIS-VINCENT DE BELLOY.

Louis-Vincent de Belloy, plus connu sous le nom de comte de Francières, garde-marine à Toulon en 1697, enseigne de vaisseau au même port le 1er janvier 1703, quitta le service de la marine le 7 juin 1713, y rentra en janvier 1722, et s'en retira définitivement, avec 600 livres de pension et la croix de St-Louis, le 10 mars 1728. Il vendit devant Chaumel, notaire à Paris, le 25 juillet 1752, sa terre de Francières à Nicolas-Bonaventure Verzure, écuyer, conseiller secrétaire du roi et l'un des syndics de la Compagnie des Indes. Le nouveau seigneur de Francières fut en 1774 parrain de la cloche avec laquelle on sonne encore aujourd'hui les offices de la paroisse. Jean-Baptiste et Charles Cavillier fondeurs à Carrépuis près Roye, y mirent cette inscription : *L'an 1774 j'ay été bénie par Me Charles Gaudissart, curé de Francières et nommée Marie-Bonaventure par haut et puissant seigneur messire Nicolas-Bonaventure Verzure, noble génois, secrétaire du roy du grand collège, seigneur de Francières, Pamphou, Vaudais (1), et par haute et puissante dame Marie-Emilie Verzure, veuve de haut et puissant seigneur Me Claude-Louis-Charles Destutt, marquis de Tracy, maréchal des camps et armée du roy. Pierre Desjardins, marguillier. Louis, clerc.*

---

(1) Panfou, commune de Machault (Seine-et-Marne). — Vaudoy, canton de Rospy-en-Brie (Seine-et-Marne).

§ III. — MAISON DE TRACY.
1790-1850.

Écartelé : au 1, 4 d'or à 3 pals de sable ; et au 2, 3 d'or au cœur de gueule.

Le marquis de Tracy, dont il est fait mention sur la cloche de Francières, avait pour père Antoine-Joseph d'Estutt, comte de Tracy, comte de Paray, capitaine de cavalerie dans le mestre de camp général, et pour mère Charlotte-Victoire Marion de Druy, fille d'Eustache-Louis Marion de Druy, marquis de Courcelles et de Bonnencontre. Il épousa, le 2 mai 1753, Marie-Emilie Verzure, fille de Nicolas-Bonaventure Verzure. Marie-Emilie avait une sœur nommée Claude-Marie-Thomas, qui fut mariée à Jean-Luc-Ignace de Balby. Leur mère était Marie-Pamier d'Orgeville (1).

Le marquis de Tracy n'entra en jouissance de la terre de Francières que le 11 septembre 1790. A cette date eut lieu le partage après décès des biens de Nicolas-Bonaventure Verzure. Le domaine de Francières fit partie du lot qui échut à Marie-Emilie.

De son mariage avec le marquis de Tracy naquirent trois enfants :

1. Alexandre-César-Victor-Charles Destutt de Tracy, député ;

---

(1) LA CHESNAYE DESBOIS. — *Dict. de la noblesse.* Art. Estutt.

2. Augustine-Emilie-Victorine Destutt de Tracy, femme de Anne-Marie-François-Emmanuel de Mouchel-Battefort de Lambespin ;

Et 3. Françoise-Emilie Destutt de Tracy.

Cette dernière fut dame de Francières. Elle apporta cette terre en mariage à Georges-Wasinghton-Louis-Gilbert du Mottier de la Fayette (2), membre de la Chambre des députés. Leur fils Edmond-François du Mottier de la Fayette (1), ancien représentant du peuple à l'Assemblée nationale, fit vendre en détail le domaine de Francières en 1850. Ainsi fut démembrée cette belle propriété restée intacte pendant plus de sept siècles. La demeure seigneuriale ne fut pas plus respectée que la terre. Elle tomba sous le marteau des démolisseurs. Seuls quelques murs d'enceinte, demeurés debout, permettent encore de reconnaître la place qu'occupait jadis le manoir des sires de Francières.

(1) Son père était Marie-Paul-Joseph-Roch-Ives-Gilbert de Mottier, marquis de la Fayette, le héros de la guerre d'Amérique, plus connu sous le nom de général la Fayette, né au château de Chavagnac, commune de St-Georges d'Aurat, près Brioude (Haute-Loire), en septembre 1757, et mort à Paris le 19 mai 1834.

(2) Edmond-François du Mottier de la Fayette naquit au château de Chavagnac en 1818. Il avait un frère aîné, nommé Oscar, qui devint comme lui représentant du peuple.

AMIENS. — IMP. DELATTRE-LENOEL, RUE DE LA RÉPUBLIQUE, 32.

www.ingramcontent.com/pod-product-compliance
Lightning Source LLC
LaVergne TN
LVHW022207080426
835511LV00008B/1617